El 3 minuto, 90 Día

Diario de Gratitud
para chicas

Nombre _____

Fecha de inicio

Día 🌳   Mes 🌳   Año 🌳

_____   _____   _____

©**The Life Graduate Publishing Group**
Ninguna parte de este libro puede escanearse, reproducirse o distribuirse en forma impresa o electrónica sin el permiso previo del autor o editor.

MI DIARIO DE GRATITUD DE 3 MINUTOS

Estoy agradecida

C¡Completar un diario de agradecimiento diario nos ayuda a reconocer las grandes cosas que ya tenemos en la vida!

Para aumentar nuestro aprecio por las cosas, es importante comenzar escribiendo una o dos cosas cada día por las que esté agradecido. Estas pueden ser cosas que han sucedido en el pasado, qué tan lejos has llegado durante el año pasado, eventos actuales en la escuela o algo que sucede en tu vida en este momento. Para ayudar, podrían ser cosas que haces con tu familia y amigos, como vacaciones, los logros que has obtenido en el deporte o cualquier otra cosa por la que estés agradecido.

Al tomar solo 3 minutos cada día para reflexionar sobre las cosas de tu vida que te importan, te dará la confianza para dar nuevos pasos a cada día. La gratitud es importante y es algo en lo que todos debemos pensar todos los días.

Espero que disfruten el 3 Minute, 90 Day Gratitude Journal.

Le deseamos todo lo mejor,

Romney Nelson

"Lo que sea que puedas hacer,
o sueño que puedes hacer,
comienza.
La audacia tiene genio, poder
y magia en ella."

- Johann Wolfgang von Goethe
(1749-1832)

MI DIARIO DE GRATITUD DE 3 MINUTOS

01 Hoy siento
Marca la cara de abajo...

FECHA ___/___/___
HORA _____:_____

02 **Gratitud.**
Estoy agradecida por ...

_____
_____
_____

03 **Completa esta oración**
Estoy deseando ....

_____
_____
_____

04 Hoy es:

MI DIARIO DE GRATITUD DE 3 MINUTOS

01 Hoy siento
Marca la cara de abajo...

FECHA ___/___/___
HORA _____ : _____

02 Gratitud.
Estoy agradecida por ...

_____
_____
_____

03 Completa esta oración
Estoy deseando ....

_____
_____
_____
_____

04 Hoy es:

MI DIARIO DE GRATITUD DE 3 MINUTOS

01 Hoy siento
Marca la cara de abajo...

FECHA ___/___/___
HORA _____:_____

😊 😎 😟 😢 😠 😉

02 **Gratitud.**
Estoy agradecida por ...

_____
_____
_____

03 **Completa esta oración**
Estoy deseando ....

_____
_____
_____

04 Hoy es:

MI DIARIO DE GRATITUD DE 3 MINUTOS

01 Hoy siento
Marca la cara de abajo...

FECHA ___/___/___
HORA _____ : _____

02 Gratitud.
Estoy agradecida por ...

_____
_____
_____

03 Completa esta oración
Estoy deseando ....

_____
_____
_____

04 Hoy es:

MI DIARIO DE GRATITUD DE 3 MINUTOS

01 Hoy siento
Marca la cara de abajo...

FECHA ___/___/___
HORA _____:_____

02 Gratitud.
Estoy agradecida por ...

_____
_____
_____

03 Completa esta oración
Estoy deseando ....

_____
_____
_____

04 Hoy es:

MI DIARIO DE GRATITUD DE 3 MINUTOS

01 Hoy siento
Marca la cara de abajo...

FECHA ___/___/___
HORA _____:_____

02 **Gratitud.**
Estoy agradecida por ...

_____
_____
_____

03 **Completa esta oración**
Estoy deseando ....

_____
_____
_____
_____

04 Hoy es:

MI DIARIO DE GRATITUD DE 3 MINUTOS

01 Hoy siento
Marca la cara de abajo...

FECHA ___/___/___
HORA _____:_____

02 Gratitud.
Estoy agradecida por ...

_____
_____
_____

03 Completa esta oración
Estoy deseando ....

_____
_____
_____

04 Hoy es:

"No es con lo que te tratas en la vida; es cómo lidias con eso."

- Janet.M.Schofield

MI DIARIO DE GRATITUD DE 3 MINUTOS

Felicidades! Has completado tus primeros 7 días! ¡Eso es fantástico!

01 Momentos
¿Cuál fue tu actividad favorita que hiciste en los últimos 7 días?

_____
_____
_____

02 ¡Sé creativa!
Haga un dibujo o pegue una foto aquí que haya sido un momento especial para usted en los últimos 7 días.

MI DIARIO DE GRATITUD DE 3 MINUTOS

01 Hoy siento
Marca la cara de abajo...

FECHA ___/___/___
HORA _____:_____

02 **Gratitud.**
Estoy agradecida por ...

_____
_____
_____

03 **Completa esta oración**
Estoy deseando ....

_____
_____
_____
_____

04 Hoy es:

MI DIARIO DE GRATITUD DE 3 MINUTOS

01 Hoy siento
Marca la cara de abajo...

FECHA ___/___/___
HORA _____ : _____

02 **Gratitud.**
Estoy agradecida por ...

_____
_____
_____

03 **Completa esta oración**
Estoy deseando ....

_____
_____
_____

04 Hoy es:

MI DIARIO DE GRATITUD DE 3 MINUTOS

01 Hoy siento
Marca la cara de abajo...

FECHA ___/___/___
HORA _____:_____

02 **Gratitud.**
Estoy agradecida por ...

_____
_____
_____

03 **Completa esta oración**
Estoy deseando ....

_____
_____
_____
_____

04 Hoy es:

MI DIARIO DE GRATITUD DE 3 MINUTOS

01 Hoy siento
Marca la cara de abajo...

FECHA ___/___/___
HORA _____:_____

😊 😎 😟 😢 😠 😉

02 **Gratitud.**
Estoy agradecida por ...

_____
_____
_____

03 **Completa esta oración**
Estoy deseando ....

_____
_____
_____
_____

04 **Hoy es:**

MI DIARIO DE GRATITUD DE 3 MINUTOS

01 Hoy siento
Marca la cara de abajo...

FECHA ___/___/___
HORA _____:_____

02 **Gratitud.**
Estoy agradecida por ...

_____
_____
_____

03 **Completa esta oración**
Estoy deseando ....

_____
_____
_____
_____

04 Hoy es:

MI DIARIO DE GRATITUD DE 3 MINUTOS

01 Hoy siento
Marca la cara de abajo...

FECHA ___/___/___
HORA _____:_____

02 Gratitud.
Estoy agradecida por ...

_____
_____
_____

03 Completa esta oración
Estoy deseando ....

_____
_____
_____
_____

04 Hoy es:

MI DIARIO DE GRATITUD DE 3 MINUTOS

01 Hoy siento
Marca la cara de abajo...

FECHA ___/___/___

HORA _____ : _____

02 **Gratitud.**
Estoy agradecida por ...

_____

_____

_____

03 **Completa esta oración**
Estoy deseando ....

_____

_____

_____

_____

04 Hoy es:

MI DIARIO DE GRATITUD DE 3 MINUTOS

01 Hoy siento
Marca la cara de abajo...

FECHA ___/___/___
HORA _____:_____

02 **Gratitud.**
Estoy agradecida por ...

_____
_____
_____

03 **Completa esta oración**
Estoy deseando ....

_____
_____
_____

04 **Hoy es:**

MI DIARIO DE GRATITUD DE 3 MINUTOS

01 Hoy siento
Marca la cara de abajo...

FECHA ___/___/___
HORA _____:_____

02 **Gratitud.**
Estoy agradecida por ...

_____
_____
_____

03 **Completa esta oración**
Estoy deseando ....

_____
_____
_____

04 Hoy es:

MI DIARIO DE GRATITUD DE 3 MINUTOS

01 Hoy siento
Marca la cara de abajo...

FECHA ___/___/___
HORA _____:_____

02 Gratitud.
Estoy agradecida por ...

_____
_____
_____

03 Completa esta oración
Estoy deseando ....

_____
_____
_____

04 Hoy es:

MI DIARIO DE GRATITUD DE 3 MINUTOS

01 Hoy siento
Marca la cara de abajo...

FECHA ___/___/___
HORA _____ : _____

02 **Gratitud.**
Estoy agradecida por ...

_____
_____
_____

03 **Completa esta oración**
Estoy deseando ....

_____
_____
_____
_____

04 Hoy es:

MI DIARIO DE GRATITUD DE 3 MINUTOS

01 Hoy siento
Marca la cara de abajo...

FECHA ___/___/___
HORA _____:_____

02 **Gratitud.**
Estoy agradecida por ...

_____
_____
_____

03 **Completa esta oración**
Estoy deseando ....

_____
_____
_____

04 Hoy es:

MI DIARIO DE GRATITUD DE 3 MINUTOS

01 Hoy siento
Marca la cara de abajo...

FECHA ___/___/___
HORA _____ : _____

02 **Gratitud.**
Estoy agradecida por ...

_____
_____
_____

03 **Completa esta oración**
Estoy deseando ....

_____
_____
_____

04 Hoy es:

MI DIARIO DE GRATITUD DE 3 MINUTOS

01 Hoy siento
Marca la cara de abajo...

FECHA ___/___/___
HORA _____:_____

02 **Gratitud.**
Estoy agradecida por ...

_____
_____
_____

03 **Completa esta oración**
Estoy deseando ....

_____
_____
_____

04 Hoy es:

MI DIARIO DE GRATITUD DE 3 MINUTOS

01 Hoy siento
Marca la cara de abajo...

FECHA ___/___/___
HORA _____:_____

02 **Gratitud.**
Estoy agradecida por ...

_____
_____
_____

03 **Completa esta oración**
Estoy deseando ....

_____
_____
_____
_____

04 Hoy es:

MI DIARIO DE GRATITUD DE 3 MINUTOS

01 Hoy siento
Marca la cara de abajo…

FECHA ___/___/___
HORA _____:_____

02 Gratitud.
Estoy agradecida por …

_____
_____
_____

03 Completa esta oración
Estoy deseando ……

_____
_____
_____

04 Hoy es:

MI DIARIO DE GRATITUD DE 3 MINUTOS

01 Hoy siento
Marca la cara de abajo...

FECHA ___/___/___
HORA _____:_____

02 **Gratitud.**
Estoy agradecida por ...

_____
_____
_____

03 **Completa esta oración**
Estoy deseando ....

_____
_____
_____

04 **Hoy es:**

MI DIARIO DE GRATITUD DE 3 MINUTOS

01 Hoy siento
Marca la cara de abajo...

FECHA ___/___/___
HORA _____ : _____

02 Gratitud.
Estoy agradecida por ...

_____
_____
_____

03 Completa esta oración
Estoy deseando ....

_____
_____
_____
_____

04 Hoy es:

MI DIARIO DE GRATITUD DE 3 MINUTOS

01 Hoy siento
Marca la cara de abajo...

FECHA ___/___/___
HORA _____ : _____

02 **Gratitud.**
Estoy agradecida por ...

_____
_____
_____

03 **Completa esta oración**
Estoy deseando ....

_____
_____
_____

04 Hoy es:

MI DIARIO DE GRATITUD DE 3 MINUTOS

01 Hoy siento
Marca la cara de abajo...

FECHA ___/___/___
HORA _____:_____

😊 😎 😧 😢 😠 😉

02 **Gratitud.**
Estoy agradecida por ...

_____
_____
_____

03 **Completa esta oración**
Estoy deseando ......

_____
_____
_____
_____

04 Hoy es:

MI DIARIO DE GRATITUD DE 3 MINUTOS

01 Hoy siento
Marca la cara de abajo...

FECHA ___/___/___
HORA _____ : _____

02 **Gratitud.**
Estoy agradecida por ...

_____
_____
_____

03 **Completa esta oración**
Estoy deseando ....

_____
_____
_____

04 **Hoy es:**

MI DIARIO DE GRATITUD DE 3 MINUTOS

01 Hoy siento
Marca la cara de abajo...

FECHA ___/___/___
HORA _____ : _____

02 Gratitud.
Estoy agradecida por ...

_____
_____
_____

03 Completa esta oración
Estoy deseando ....

_____
_____
_____

04 Hoy es:

MI DIARIO DE GRATITUD DE 3 MINUTOS

01 Hoy siento
Marca la cara de abajo...

FECHA ___/___/___
HORA _____ : _____

02 **Gratitud.**
Estoy agradecida por ...

_____
_____
_____

03 **Completa esta oración**
Estoy deseando ....

_____
_____
_____

04 Hoy es:

MI DIARIO DE GRATITUD DE 3 MINUTOS

¡Felicidades! Estás hasta el día 30.

Es hora de que revises tu diario de gratitud y respondas las siguientes preguntas.

01 Momentos
¿Cuáles fueron tus 3 cosas favoritas que hiciste en los últimos 30 días?

1. _____
_____

2. _____
_____

3. _____
_____

02 ¡Sé creativa!
Haga un dibujo o pegue una foto aquí que haya sido un momento especial para usted en los últimos 30 días.

MI DIARIO DE GRATITUD DE 3 MINUTOS

01 Hoy siento
Marca la cara de abajo...

FECHA ___/___/___
HORA _____ : _____

02 **Gratitud.**
Estoy agradecida por ...

_____
_____
_____

03 **Completa esta oración**
Estoy deseando ....

_____
_____
_____
_____

04 **Hoy es:**

MI DIARIO DE GRATITUD DE 3 MINUTOS

01 Hoy siento
Marca la cara de abajo...

FECHA ___/___/___
HORA _____:_____

☺ 😎 😟 😢 😠 😉

02 Gratitud.
Estoy agradecida por ...

_____
_____
_____

03 Completa esta oración
Estoy deseando ....

_____
_____
_____

04 Hoy es:

MI DIARIO DE GRATITUD DE 3 MINUTOS

01 Hoy siento
Marca la cara de abajo...

FECHA ___/___/___
HORA _____:_____

02 Gratitud.
Estoy agradecida por ...

_____
_____
_____

03 Completa esta oración
Estoy deseando ....

_____
_____
_____
_____

04 Hoy es:

MI DIARIO DE GRATITUD DE 3 MINUTOS

01 Hoy siento
Marca la cara de abajo...

FECHA ___/___/___
HORA ____:____

02 **Gratitud.**
Estoy agradecida por ...

_____
_____
_____

03 **Completa esta oración**
Estoy deseando ....

_____
_____
_____

04 **Hoy es:**

MI DIARIO DE GRATITUD DE 3 MINUTOS

01 Hoy siento
Marca la cara de abajo...

FECHA ___/___/___
HORA _____:_____

02 **Gratitud.**
Estoy agradecida por ...

_____
_____
_____

03 **Completa esta oración**
Estoy deseando ....

_____
_____
_____
_____

04 Hoy es:

MI DIARIO DE GRATITUD DE 3 MINUTOS

01 Hoy siento
Marca la cara de abajo...

FECHA ___/___/___
HORA _____:_____

02 Gratitud.
Estoy agradecida por ...

_____
_____
_____

03 Completa esta oración
Estoy deseando ....

_____
_____
_____

04 Hoy es:

MI DIARIO DE GRATITUD DE 3 MINUTOS

01 Hoy siento
Marca la cara de abajo...

FECHA ___/___/___
HORA _____:_____

02 **Gratitud.**
Estoy agradecida por ...

_____
_____
_____

03 **Completa esta oración**
Estoy deseando ……

_____
_____
_____

04 Hoy es:

MI DIARIO DE GRATITUD DE 3 MINUTOS

01 Hoy siento
Marca la cara de abajo...

FECHA ___/___/___
HORA _____ : _____

😊 😎 😟 😢 😠 😉

02 **Gratitud.**
Estoy agradecida por ...

_____
_____
_____

03 **Completa esta oración**
Estoy deseando ....

_____
_____
_____
_____

04 Hoy es:

MI DIARIO DE GRATITUD DE 3 MINUTOS

01 Hoy siento
Marca la cara de abajo...

FECHA ___/___/___
HORA _____ : _____

😊 😎 😧 😢 😠 😉

02 **Gratitud.**
Estoy agradecida por ...

_____
_____
_____

03 **Completa esta oración**
Estoy deseando ....

_____
_____
_____
_____

04 Hoy es:

☀️ ☁️ 🌧️ ⛈️ ⛅ 🌨️

MI DIARIO DE GRATITUD DE 3 MINUTOS

01 Hoy siento
Marca la cara de abajo...

FECHA ___/___/___
HORA _____ : _____

02 **Gratitud.**
Estoy agradecida por ...

_____
_____
_____

03 **Completa esta oración**
Estoy deseando ....

_____
_____
_____
_____

04 **Hoy es:**

MI DIARIO DE GRATITUD DE 3 MINUTOS

01 Hoy siento
Marca la cara de abajo...

FECHA ___/___/___
HORA _____ : _____

02 **Gratitud.**
Estoy agradecida por ...

_____
_____
_____

03 **Completa esta oración**
Estoy deseando ....

_____
_____
_____

04 Hoy es:

MI DIARIO DE GRATITUD DE 3 MINUTOS

01 Hoy siento
Marca la cara de abajo...

FECHA ___/___/___
HORA _____ : _____

02 **Gratitud.**
Estoy agradecida por ...

_____
_____
_____

03 **Completa esta oración**
Estoy deseando ....

_____
_____
_____

04 Hoy es:

MI DIARIO DE GRATITUD DE 3 MINUTOS

01 Hoy siento
Marca la cara de abajo...

FECHA ___/___/___
HORA _____ : _____

02 **Gratitud.**
Estoy agradecida por ...

_____
_____
_____

03 **Completa esta oración**
Estoy deseando ....

_____
_____
_____
_____

04 Hoy es:

MI DIARIO DE GRATITUD DE 3 MINUTOS

01 Hoy siento
Marca la cara de abajo...

FECHA ___/___/___
HORA _____:_____

02 **Gratitud.**
Estoy agradecida por ...

_____
_____
_____

03 **Completa esta oración**
Estoy deseando ....

_____
_____
_____
_____

04 **Hoy es:**

MI DIARIO DE GRATITUD DE 3 MINUTOS

01 Hoy siento
Marca la cara de abajo...

FECHA ___/___/___
HORA _____ : _____

02 **Gratitud.**
Estoy agradecida por ...

_____
_____
_____

03 **Completa esta oración**
Estoy deseando ....

_____
_____
_____
_____

04 Hoy es:

MI DIARIO DE GRATITUD DE 3 MINUTOS

01 Hoy siento
Marca la cara de abajo...

FECHA ___/___/___
HORA _____:_____

02 **Gratitud.**
Estoy agradecida por ...

_____
_____
_____

03 **Completa esta oración**
Estoy deseando ....

_____
_____
_____
_____

04 Hoy es:

MI DIARIO DE GRATITUD DE 3 MINUTOS

01 Hoy siento
Marca la cara de abajo...

FECHA ___/___/___
HORA _____:_____

02 **Gratitud.**
Estoy agradecida por ...

_____
_____
_____

03 **Completa esta oración**
Estoy deseando ....

_____
_____
_____

04 Hoy es:

MI DIARIO DE GRATITUD DE 3 MINUTOS

01 Hoy siento
Marca la cara de abajo...

FECHA ___/___/___
HORA _____:_____

02 **Gratitud.**
Estoy agradecida por ...

_____
_____
_____

03 **Completa esta oración**
Estoy deseando ....

_____
_____
_____
_____

04 **Hoy es:**

MI DIARIO DE GRATITUD DE 3 MINUTOS

01 Hoy siento
Marca la cara de abajo...

FECHA ___/___/___
HORA _____:_____

😊 😎 😫 😢 😠 😉

02 **Gratitud.**
Estoy agradecida por ...

_____
_____
_____

03 **Completa esta oración**
Estoy deseando ....

_____
_____
_____

04 Hoy es:

☀️ ☁️ 🌧️ ⛈️ ⛅ 🌨️

MI DIARIO DE GRATITUD DE 3 MINUTOS

01 Hoy siento
Marca la cara de abajo...

FECHA ___/___/___
HORA _____:_____

😊 😎 😧 😢 😠 😉

02 **Gratitud.**
Estoy agradecida por ...

_____
_____
_____

03 **Completa esta oración**
Estoy deseando ....

_____
_____
_____

04 **Hoy es:**

MI DIARIO DE GRATITUD DE 3 MINUTOS

01 Hoy siento
Marca la cara de abajo...

FECHA ___/___/___
HORA _____ : _____

02 **Gratitud.**
Estoy agradecida por ...

_____
_____
_____

03 **Completa esta oración**
Estoy deseando ....

_____
_____
_____

04 **Hoy es:**

MI DIARIO DE GRATITUD DE 3 MINUTOS

01 Hoy siento
Marca la cara de abajo...

FECHA ___/___/___
HORA _____:_____

02 Gratitud.
Estoy agradecida por ...

_____
_____
_____

03 Completa esta oración
Estoy deseando ....

_____
_____
_____
_____

04 Hoy es:

MI DIARIO DE GRATITUD DE 3 MINUTOS

01 Hoy siento
Marca la cara de abajo...

FECHA ___/___/___
HORA _____:_____

02 **Gratitud.**
Estoy agradecida por ...

_____
_____
_____

03 **Completa esta oración**
Estoy deseando ....

_____
_____
_____

04 Hoy es:

MI DIARIO DE GRATITUD DE 3 MINUTOS

01 Hoy siento
Marca la cara de abajo...

FECHA ___/___/___
HORA _____:_____

☺ 😎 😟 😢 😠 😉

02 **Gratitud.**
Estoy agradecida por ...

_____
_____
_____

03 **Completa esta oración**
Estoy deseando ....

_____
_____
_____
_____

04 Hoy es:

MI DIARIO DE GRATITUD DE 3 MINUTOS

01 Hoy siento
Marca la cara de abajo...

FECHA ___/___/___
HORA _____ : _____

02 **Gratitud.**
Estoy agradecida por ...

_____
_____
_____

03 **Completa esta oración**
Estoy deseando ....

_____
_____
_____

04 **Hoy es:**

MI DIARIO DE GRATITUD DE 3 MINUTOS

01 Hoy siento
Marca la cara de abajo...

FECHA ___/___/___
HORA _____:_____

02 **Gratitud.**
Estoy agradecida por ...

_____
_____
_____

03 **Completa esta oración**
Estoy deseando ....

_____
_____
_____

04 **Hoy es:**

MI DIARIO DE GRATITUD DE 3 MINUTOS

01 Hoy siento
Marca la cara de abajo...

FECHA ___/___/___
HORA _____:_____

02 **Gratitud.**
Estoy agradecida por ...

_____
_____
_____

03 **Completa esta oración**
Estoy deseando ....

_____
_____
_____
_____

04 Hoy es:

MI DIARIO DE GRATITUD DE 3 MINUTOS

01 Hoy siento
Marca la cara de abajo...

FECHA ___/___/___
HORA _____ : _____

😊 😎 😒 😢 😠 😉

02 **Gratitud.**
Estoy agradecida por ...

_____
_____
_____

03 **Completa esta oración**
Estoy deseando ....

_____
_____
_____
_____

04 Hoy es:

MI DIARIO DE GRATITUD DE 3 MINUTOS

01 Hoy siento
Marca la cara de abajo...

FECHA ___/___/___
HORA _____:_____

02 **Gratitud.**
Estoy agradecida por ...

_____
_____
_____

03 **Completa esta oración**
Estoy deseando ....

_____
_____
_____
_____

04 Hoy es:

MI DIARIO DE GRATITUD DE 3 MINUTOS

01 Hoy siento
Marca la cara de abajo...

FECHA ___/___/___
HORA _____ : _____

02 Gratitud.
Estoy agradecida por ...

_____
_____
_____

03 Completa esta oración
Estoy deseando ....

_____
_____
_____
_____

04 Hoy es:

"No recordamos días; recordamos momentos."
- Cesare Pavese
(1908-1950)

MI DIARIO DE GRATITUD DE 3 MINUTOS

¡Felicidades! Estás hasta el día 60.

Es hora de que revises tu diario de gratitud y respondas las siguientes preguntas.

01 Momentos
¿Cuáles fueron tus 3 cosas favoritas que hiciste en los últimos 30 días?

1. _____
_____

2. _____
_____

3. _____
_____

02 ¡Sé creativa!
Haga un dibujo o pegue una foto aquí que haya sido un momento especial para usted en los últimos 30 días.

MI DIARIO DE GRATITUD DE 3 MINUTOS

01 Hoy siento
Marca la cara de abajo...

FECHA ___/___/___
HORA _____ : _____

02 Gratitud.
Estoy agradecida por ...

_____
_____
_____
_____

03 Completa esta oración
Estoy deseando ....

_____
_____
_____
_____

04 Hoy es:

MI DIARIO DE GRATITUD DE 3 MINUTOS

01 Hoy siento
Marca la cara de abajo...

FECHA ___/___/___
HORA _____ : _____

02 Gratitud.
Estoy agradecida por ...

_____
_____
_____

03 Completa esta oración
Estoy deseando ....

_____
_____
_____

04 Hoy es:

MI DIARIO DE GRATITUD DE 3 MINUTOS

01 Hoy siento
Marca la cara de abajo...

FECHA ___/___/___
HORA _____ : _____

02 **Gratitud.**
Estoy agradecida por ...

_____
_____
_____

03 **Completa esta oración**
Estoy deseando ....

_____
_____
_____

04 Hoy es:

MI DIARIO DE GRATITUD DE 3 MINUTOS

01 Hoy siento
Marca la cara de abajo...

FECHA ___/___/___
HORA _____:_____

02 **Gratitud.**
Estoy agradecida por ...

_____
_____
_____

03 **Completa esta oración**
Estoy deseando ....

_____
_____
_____
_____

04 Hoy es:

MI DIARIO DE GRATITUD DE 3 MINUTOS

01 Hoy siento
Marca la cara de abajo...

FECHA ___/___/___
HORA _____ : _____

02 **Gratitud.**
Estoy agradecida por ...

_____
_____
_____

03 **Completa esta oración**
Estoy deseando ....

_____
_____
_____

04 Hoy es:

MI DIARIO DE GRATITUD DE 3 MINUTOS

01 Hoy siento
Marca la cara de abajo...

FECHA ___/___/___
HORA _____:_____

02 Gratitud.
Estoy agradecida por ...

_____
_____
_____

03 Completa esta oración
Estoy deseando ....

_____
_____
_____

04 Hoy es:

MI DIARIO DE GRATITUD DE 3 MINUTOS

01 Hoy siento
Marca la cara de abajo...

FECHA ___/___/___
HORA _____:_____

02 **Gratitud.**
Estoy agradecida por ...

_____
_____
_____

03 **Completa esta oración**
Estoy deseando ....

_____
_____
_____

04 Hoy es:

MI DIARIO DE GRATITUD DE 3 MINUTOS

01 Hoy siento
Marca la cara de abajo...

FECHA ___/___/___
HORA _____ : _____

02 **Gratitud.**
Estoy agradecida por ...

_____
_____
_____

03 **Completa esta oración**
Estoy deseando ....

_____
_____
_____

04 **Hoy es:**

MI DIARIO DE GRATITUD DE 3 MINUTOS

01 Hoy siento
Marca la cara de abajo...

FECHA ___/___/___
HORA _____:_____

02 **Gratitud.**
Estoy agradecida por ...

_____
_____
_____

03 **Completa esta oración**
Estoy deseando ....

_____
_____
_____

04 **Hoy es:**

MI DIARIO DE GRATITUD DE 3 MINUTOS

01 Hoy siento
Marca la cara de abajo...

FECHA ___/___/___
HORA _____ : _____

02 **Gratitud.**
Estoy agradecida por ...

_____
_____
_____

03 **Completa esta oración**
Estoy deseando ....

_____
_____
_____
_____

04 Hoy es:

MI DIARIO DE GRATITUD DE 3 MINUTOS

01 Hoy siento
Marca la cara de abajo...

FECHA ___/___/___
HORA _____ : _____

02 Gratitud.
Estoy agradecida por ...

_____
_____
_____

03 Completa esta oración
Estoy deseando ....

_____
_____
_____

04 Hoy es:

MI DIARIO DE GRATITUD DE 3 MINUTOS

01 Hoy siento
Marca la cara de abajo...

FECHA ___/___/___
HORA _____:_____

02 **Gratitud.**
Estoy agradecida por ...

_____
_____
_____

03 **Completa esta oración**
Estoy deseando ....

_____
_____
_____

04 **Hoy es:**

MI DIARIO DE GRATITUD DE 3 MINUTOS

01 Hoy siento
Marca la cara de abajo...

FECHA ___/___/___
HORA _____ : _____

02 Gratitud.
Estoy agradecida por ...

_____
_____
_____

03 Completa esta oración
Estoy deseando ......

_____
_____
_____

04 Hoy es:

MI DIARIO DE GRATITUD DE 3 MINUTOS

01 Hoy siento
Marca la cara de abajo...

FECHA ___/___/___
HORA _____:_____

😊 😎 😧 😢 😠 😉

02 **Gratitud.**
Estoy agradecida por ...

_____
_____
_____

03 **Completa esta oración**
Estoy deseando ....

_____
_____
_____

04 **Hoy es:**

○ ○ ○ ○ ○ ○

MI DIARIO DE GRATITUD DE 3 MINUTOS

01 Hoy siento
Marca la cara de abajo...

FECHA ___/___/___
HORA _____ : _____

02 **Gratitud.**
Estoy agradecida por ...

_____
_____
_____

03 **Completa esta oración**
Estoy deseando ....

_____
_____
_____

04 Hoy es:

MI DIARIO DE GRATITUD DE 3 MINUTOS

01 Hoy siento
Marca la cara de abajo...

FECHA ___/___/___
HORA _____:_____

02 **Gratitud.**
Estoy agradecida por ...

_____
_____
_____

03 **Completa esta oración**
Estoy deseando ....

_____
_____
_____
_____

04 Hoy es:

MI DIARIO DE GRATITUD DE 3 MINUTOS

01 Hoy siento
Marca la cara de abajo...

FECHA ___/___/___
HORA ___:___

02 **Gratitud.**
Estoy agradecida por ...

_____
_____
_____

03 **Completa esta oración**
Estoy deseando ....

_____
_____
_____
_____

04 Hoy es:

MI DIARIO DE GRATITUD DE 3 MINUTOS

01 Hoy siento
Marca la cara de abajo...

FECHA ___/___/___
HORA _____:_____

02 Gratitud.
Estoy agradecida por ...

_____
_____
_____

03 Completa esta oración
Estoy deseando ....

_____
_____
_____

04 Hoy es:

MI DIARIO DE GRATITUD DE 3 MINUTOS

01 Hoy siento
Marca la cara de abajo...

FECHA ___/___/___
HORA _____:_____

02 **Gratitud.**
Estoy agradecida por ...

_____
_____
_____

03 **Completa esta oración**
Estoy deseando ......

_____
_____
_____
_____

04 Hoy es:

MI DIARIO DE GRATITUD DE 3 MINUTOS

01 Hoy siento
Marca la cara de abajo...

FECHA ___/___/___
HORA _____ : _____

02 **Gratitud.**
Estoy agradecida por ...

_____
_____
_____

03 **Completa esta oración**
Estoy deseando ....

_____
_____
_____
_____

04 Hoy es:

MI DIARIO DE GRATITUD DE 3 MINUTOS

01 Hoy siento
Marca la cara de abajo...

FECHA ___/___/___
HORA _____ : _____

02 **Gratitud.**
Estoy agradecida por ...

_____
_____
_____

03 **Completa esta oración**
Estoy deseando ....

_____
_____
_____

04 Hoy es:

MI DIARIO DE GRATITUD DE 3 MINUTOS

01 Hoy siento
Marca la cara de abajo...

FECHA ___/___/___
HORA _____ : _____

02 **Gratitud.**
Estoy agradecida por ...

_____
_____
_____

03 **Completa esta oración**
Estoy deseando ....

_____
_____
_____

04 **Hoy es:**

MI DIARIO DE GRATITUD DE 3 MINUTOS

01 Hoy siento
Marca la cara de abajo...

FECHA ___/___/___
HORA _____:_____

02 **Gratitud.**
Estoy agradecida por ...

_____
_____
_____

03 **Completa esta oración**
Estoy deseando ....

_____
_____
_____

04 Hoy es:

MI DIARIO DE GRATITUD DE 3 MINUTOS

01 Hoy siento
Marca la cara de abajo...

FECHA ___/___/___
HORA _____ : _____

02 **Gratitud.**
Estoy agradecida por ...

_____
_____
_____

03 **Completa esta oración**
Estoy deseando ....

_____
_____
_____

04 Hoy es:

MI DIARIO DE GRATITUD DE 3 MINUTOS

01 Hoy siento
Marca la cara de abajo...

FECHA ___/___/___
HORA _____:_____

02 **Gratitud.**
Estoy agradecida por ...

_____
_____
_____

03 **Completa esta oración**
Estoy deseando ....

_____
_____
_____
_____

04 Hoy es:

MI DIARIO DE GRATITUD DE 3 MINUTOS

01 Hoy siento
Marca la cara de abajo...

FECHA ____/____/____
HORA _____:_____

02 **Gratitud.**
Estoy agradecida por ...

_____
_____
_____

03 **Completa esta oración**
Estoy deseando ....

_____
_____
_____

04 **Hoy es:**

MI DIARIO DE GRATITUD DE 3 MINUTOS

01 Hoy siento
Marca la cara de abajo...

FECHA ___/___/___
HORA _____:_____

02 **Gratitud.**
Estoy agradecida por ...

_____
_____
_____

03 **Completa esta oración**
Estoy deseando ....

_____
_____
_____
_____

04 Hoy es:

MI DIARIO DE GRATITUD DE 3 MINUTOS

01 Hoy siento
Marca la cara de abajo...

FECHA ___/___/___
HORA _____ : _____

02 **Gratitud.**
Estoy agradecida por ...

_____
_____
_____

03 **Completa esta oración**
Estoy deseando ....

_____
_____
_____

04 Hoy es:

MI DIARIO DE GRATITUD DE 3 MINUTOS

01 Hoy siento
Marca la cara de abajo...

FECHA ___/___/___
HORA _____ : _____

02 **Gratitud.**
Estoy agradecida por ...

_____
_____
_____

03 **Completa esta oración**
Estoy deseando ....

_____
_____
_____

04 **Hoy es:**

MI DIARIO DE GRATITUD DE 3 MINUTOS

01 Hoy siento
Marca la cara de abajo...

FECHA ___/___/___
HORA _____ : _____

02 Gratitud.
Estoy agradecida por ...

_____
_____
_____

03 Completa esta oración
Estoy deseando ....

_____
_____
_____

04 Hoy es:

MI DIARIO DE GRATITUD DE 3 MINUTOS

Felicidades! Has completado DÍA 90. ¡Eso es increíble!

01 Momentos

¿Cuáles fueron tus 3 cosas favoritas que hiciste en los últimos 30 días?

1. _____
_____

2. _____
_____

3. _____
_____

02 ¡Sé creativa!

Haga un dibujo o pegue una foto aquí que haya sido un momento especial para usted en los últimos 30 días.

MI DIARIO DE GRATITUD DE 3 MINUTOS

Notas del diario de 90 días

Escribe aquí lo que quieras. ¿Hay algo especial que le gustaría incluir para completar su diario?

_____
_____
_____
_____
_____
_____
_____
_____

MI DIARIO DE GRATITUD DE 3 MINUTOS

_____
_____
_____
_____
_____
_____
_____
_____
_____
_____

¿Tienes una foto o foto que te gustaría incluir aquí?

MI DIARIO DE GRATITUD DE 3 MINUTOS

_____
_____
_____
_____
_____
_____
_____
_____
_____
_____

¿Tienes una foto o foto que te gustaría incluir aquí?

"Nada nuevo puede venir a tu vida a menos que estés agradecido por lo que ya tienes"

— Michael Bernard